AF534852

Malin Maria Hemberg

Livets oanade potential

en samling dikter om lätthet, medvetenhet och kärlek

www.malinmaria.com

malinhemberg1@yahoo.com

Photo: Malin Maria Hemberg (Blomberg, Kinnekulle, Sweden)

Förlag: BoD · Books on Demand, Östermalmstorg 1, 114 42 Stockholm, Sverige, bod@bod.se
Tryck: Libri Plureos GmbH, Friedensallee 273, 22763 Hamburg, Tyskland

ISBN: 978-91-8080-185-0

till min älskade son

ge mellanrummet plats inom dig

det som varit finns inte mer, släpp taget

det är varje nu som är ditt liv

oändligheten finns bara i kärleken

allt annat har ett slut

den som älskar mest vinner - alltid

FÖRORD 9

LÄTTHETENS RUM 11

ett lätthetens rum 13

en skogspromenad 20

en dörr på glänt 22

en tomhet ger utrymme 24

ett fritt fall 25

en tanke flyger fri 27

en omfamnande lätthet 29

en tidig vår 31

MEDVETANDETS RUM 33

en ny frekvens 35

en egen process 40

en början 42

ett inre ansvar 43

en möjlighet ... 45
en eller fler dimensioner ... 46
en dröm bortanför tvekan ... 49
en bräda i taget ... 50
ett ständigt legobygge ... 51
mod att drömma stort ... 54
en väg vidare ... 56

KÄRLEKENS RUM ... 59
ett tidigt gläntande ... 61
ett släppande ... 64
en kärleksuppkoppling ... 66
ett uppvaknande ... 69
ett mörker urskiljer ljuset ... 70
ett görandes intention ... 72
ett val ... 74
en oemotståndlig kärleksenergi ... 77
en kärlek på riktigt ... 79
en lätt hand över kinden ... 83
en villkorslös kärleksrelation ... 85
ett kärleksfyverkeri ... 90
ett kärleksfullt hem ... 93

FÖRORD

Vad var hon precis med om? Maria känner sig både nyvaken och klarvaken på en och samma gång. Drömde hon? Vart hade drömmen tagit henne? Det känns som om hon, denna morgon mitt på vardagsrumsgolvet, fått tillgång till en ny del av livet. Hon ser ljuslågan fladdra i mörkret och hon hör isvinden vina utanför fönstret. Hon låter filten glida ner från axlarna och sträcker ut benen framför sig för att få igång lite energi i kroppen. Familjen sover fortfarande, denna tid är hennes egna, den gör inget annat anspråk på.

Hon hade sedan en tid tillbaka förstått att den tidiga morgonen var något alldeles speciellt, därför valde hon ofta att ställa klockan för att gå upp och meditera. Behovet av andrum hade ökat, liksom behovet av inspiration för att låta världen bli större. I morgonens drömlika tillstånd verkade allt vara möjligt. Hon kunde allt oftare uppleva att vardagen hade en mindre trevlig effekt på henne, som om den höll henne tillbaka och ville begränsa på olika sätt. Det fungerar kanske om man vet vart man ska och om man mår bra av det, men hon kände att hon bara famlade runt i en skavig vardag och försökte räcka till tills fötterna inte längre bar henne. Pauserna i livet hade blivit alltmer nödvändiga. Det var inte så här hon ville leva sitt liv. Hon ville ha mer ut av livet. Längtade efter genuina relationer och villkorslös kärlek. Hon hade denna morgon blundat, stillat sinnet genom andetagen och farit i väg långt bort. Klivit in i en ny värld och fått tillgång till något som hennes liv hittills saknat. En känsla hon aldrig någonsin tidigare känt eller ens vetat att hon längtat efter.

Stilla återvänder hon till vardagsrummet med vetskapen om att det något hänt inom henne. Något bestående. Något som hon kommer kunna vända tillbaka till. Om och om igen. Evigt tacksam och rik. Maria sätter sig ner i fåtöljen hennes farmor en gång haft i sin ägo. En guldgul tron, hade hon tänkt som barn. Nu var det hennes favoritplats. Hon låter pennan intuitivt skriva ner det hon nyss varit med om, med korta rader som flödar ur henne.

Maria sänker pennan och drar in ett långt andetag. Ser de skrivna orden framför sig. Läster texten högt för sig själv nära det fladdrande stearinljuset. Upplever allt en tredje gång. Hon har öppnat en ny dörr för sig själv denna tidiga morgon. Allt är dokumenterat. Hit ska hon komma tillbaka om och om igen. Hon har hittat lätthetens rum inom sig. Äntligen. Här kan allt hända. Och det kommer det att göra.

Välkommen att upptäcka livets oanade potential!

LÄTTHETENS RUM

ett lätthetens rum

i den tidiga morgonen
när allt är stilla
står alla dörrar öppna
när börjar de stängas
klocka sju
klockan åtta
klockan nio
hon behöver passa på att besöka
de olika rummen där i ottan
nyfiket utforska
ta reda på koden
till rummen
så hon kan smita in dit
även på dagtid
då och då
när vardagen blir trång
när hon behöver andrum
när hon behöver vidga sitt medvetande
när hon behöver expandera i kärlek

hon vill inte låta vardagen förminska henne
vardagen har allt för ofta den effekten
att få henne att vila
att anpassa sig
att foga sig
att bli rädd
att förenkla för henne
att få henne att rätta in sig i ledet
det fungerar kanske
om hon vet vart hon ska
om hon mår bra av det
hon mår sällan bra
hon vet sällan vart hon ska
hon famlar runt i en skavig vardag
tills fötterna inte längre bär henne
hon blir sittande
på utställda bänkar
flämtande
pauserna blir alltmer frekventa
tills hela huvudet blir en stor paus
kroppen en trött massa
sinnet segt och livrädd
det var inte så här hon ville leva
var gick det fel
i den tidiga morgonen känner hon hopp
där är hon så tydligt medveten
om de olika dörrarna som omger henne
i ett stilla andetag låter hon blicken svepa
från sida till sida
dörrar i olika färger
hon känner det snidade trähandtaget i sin hand

de är gjorda för varandra
hennes hand och trät
den svagt persikofärgade dörren är skavd
står hon framför just denna dörr
för att den ser mest gången ur
är det den säkraste vägen
den som är mest använd
hon trycka ner handen
inser att det skavda betyder
att dörren lockat flest
utanför ser man ingenting av dess innehåll
man vet heller inget om dess effekt
hon sänker sina förväntningar
bestämmer sig för att våga
glänta på dörren
kliva in en stund
påbörja något nytt
vidga sitt medvetande
berika sin vardag
i utandningen trycker hon ner dörrhandtaget
låter mellanrummet ta plats
tar in stillheten
i nästa utandning öppnar hon dörren
kliver in
hon befinner sig i total dimma
den syrerika luften är påtaglig
fuktar hennes hår så det krullar sig
får hennes skira klänning
att komma närmare hennes hud
hon står stilla i det ljusa
innan hon sakta går framåt

ut i det okända
steg för steg
låter nyfikenheten ta över
längtan att förstå det ovissa
meningen bakom hennes omedvetna
att vara i något hon inte förstår
tilliten till att den värld hon klivit in i
inte hade existerat
om den inte hade betytt något
hennes tanke får löper fritt
hon står alldeles stilla
låter den syrerika luften fylla hennes lungor
sakta
sakta
hon känner hur det bubblar i hennes näsborrar
när hon drar in andetaget
en medveten koncentration
på det som är
här och nu
det finns inte mycket att haka upp tillvaron på
när världen är vit
hon flyttar fokus till sina fötter
känner marken mot sulan
bestämmer sig för att ta av sig skorna
för att få uppleva mer
fotsulorna får en mängd förnimmelser
om temperatur
mjukhet
hårdhet
hon står åter stilla
tar in det som är

rör sig sedan sakta
med små steg
enda kompassen hon har med sig är den inre
vad känns lätt
vad känns rätt
vad möter motstånd
hon fyller hela sig med tillit
nyfikenhet och ödmjukhet
kan livet kännas så här
lätt
syrerikt
bubblande
i varande
hon behöver känna den känslan inom sig
känna att hon kan känna den inom sig
den finns där
är den kopplad till plats
har platsen bara framkallat förmågan hos henne
när hon väl funnit den
kommer hon kunna återskapa den
i andra sammanhang
hon är tacksam
något nytt har väckts inom henne
hon har fått uppleva något
hon inte ens visste
att hon längtat efter
hon tar sakta ett kliv till
genom det vita syrerika och omfamnade
fyller lungorna
låtsas att hon svävar fram
ler för sig själv

pirret får henne att lätta
det är det långsamma
som skapar fokus i hennes liv
när hon medvetet tar
ett litet steg i taget
då blir livet
hennes själs längtan
äkta
innerligt
inte lättare
men enklare
livet händer
livet känns mer
i långsamheten blir vägvalen tydligare
när det går för fort
ser hon inte möjligheterna
i långsamheten hinner hon föra inre samtal
i långsamheten hinner allt sjunka in
landa i henne själv
så hon känner sig sann
hon behöver vara i samklang med sin själ
för att få harmoni i sina relationer
till sig själv och andra
hon vill stå med båda fötterna stabilt
när allt utanför snurrar
hon vill inte ödsla tid
på att köra för fort
så hon missar det viktiga
eller kör i diket
hon har inte tid med det
livet är för värdefullt

livet är nu
alltid nu
hon behövde det här
det enkla
intigheten får henne att förstå storheten i livet
vad som är viktigt på riktigt
hon går stilla mot dörren igen
något har hänt inom henne
något som alltid kommer bestå
något hon alltid vill vända tillbaka till
om och om igen
tacksam och rikare
lätthetens inre rum

en skogspromenad

hon måste ut
i skogen
vandra utanför stigarna
hoppa över bäcken
krypa under staketet
lägga sig i mossan
se trädens kronor vaja i vinden
när hon ligger i den fuktiga mossan
stillar hennes tanke
hon hämtar hem sitt andetag
låter blicken vandra
från gren till gren
träd till träd
molnen ovan trädtopparna
oändligheten
något är på väg att hända
allt pekar på det
hon har ingen aning om vad
vill inte hindra det som är på väg

hon vill inte fega ur den här gången
hon väljer att låta allt hända

en dörr på glänt

det hugger till i magen
hon tappar nästan andan
hon är inte
till besvär längre
hon behöver inte
kompensera bevisa och dementera
det finns inget
att förklara eller försvara
hon får vara
precis som hon är
som hon är
med sina fel och brister
som hon är
med sina styrkor
sin höga integritet
som hon är
med sin starka längtan
sin otyglade kreativitet
som hon är

med sin känslighet och intuition
hon får vara
precis som hon är
hon kan lämna dörren
på glänt nu
bjuda sina vänner till bords
slösa med omtanke och kärlek
le mot världen
låta den le tillbaka
hon kan
hon vill
hon ska
hon minns när hon fantiserade
lekte med tanken att vara här
tanken var så lätt
hon bokstavligen svävade
det tunga inom henne upphörde
i fantasin kunde hon känna sig fri
det var då hon förstod
vart hon var på väg
nu är hon här
hon lever sin forna längtan
hon svävar av lättheten
den fyller hennes yttre och inre rum
känner värmen omfamna henne
livspirret bubblar

en tomhet ger utrymme

så fort tomheten gör sig påmind
stannar hon upp
förundras över utrymmet
som skapas inom henne
utrymmet är öppet nyfiket
hon drar in andetaget
låter enorma mängder syre
fylla hela henne
det känns som en inre massage
mjukar upp henne inifrån
släpper på spänningar
öppnar upp för cirkulation
hon ser effekten
ser sin spegelbild
ögonen är själens spegel
hennes glittrar igen
det behövs bara utrymme
som fylls med lätthet
så enkelt

ett fritt fall

hon tar sina drömmar på allvar
de som kommer till henne på natten
de som hälsar på henne under dagen
de visar en längtan
en önskan djupt inifrån
de talar om vad
inte hur
hur är hon öppen för
öppet är hennes hjärta
i det ordlösa hittar hon hem
det som inte går att förklara
det som är otvivelaktigt påtagligt
fullständigt kompromisslöst
det som får henne att bli helt lugn
samtidigt kittla hennes nyfikenhet
i den fullständiga tryggheten
finner hon den efterlängtade lättheten

hon inser att det aldrig var antingen eller
när hon vågar uttrycka sin innersta längtan
handlöst kasta sig ut
fångas hon upp
hon trodde hon var ensam
det var bara en illusion
hon är hållen
del i gemenskap
hon delar sin sanning
man kan äta kakan
och spara den
det var en verklighet hon drömt om
nu befinner hon sig i den
drömmen är verkligheten

en tanke flyger fri

mitt i tanken släpper hon den
låter den flyga fritt
den försvinner omedelbart
ur hennes minne
hon ser sig förundrat omkring
vad som hände just
känslan av sorg hon nyss känt
den som fått henne
att krampaktigt sjunka ihop
försvann på ett ögonblick
vad var det för tanke hon släppte
hon minns inte längre
så inser hon
om hon hade kunnat minnas
hade hon inte släppt den fullt ut
glädjen att ha förmågan
att glömma
sprider sig inom henne
sorgen har lämnat henne

hon andas in lätthet
låter den spridas in i varje tomrum
känner hur den kittlar henne
hon ler av känslan
hon har längtat
så länge
nu finns hennes längtan
inom henne
lättheten fyller tomrummet

en omfamnande lätthet

hon har omfamnat lättheten
satt den överordnad allt
trotsigt konsekvent
i friheten flödar livet
kärleken
ovillkorlig och generös
ett medvetet val
en ständig ström
så minns hon
att frihet kan uppfattas hotfullt också
friheten är så gränslös
så oviss
oförutsägbar
i oroliga tider är det lätt att tro
att begränsningar av friheten
är lösningen
vår värld är i symbios
isolerar vi den ene
påverkas den andre

det vi sänder ut
får vi tillbaka
begränsar du henne
växer dina egna begränsningar
ger du henne frihet
känner du dig själv fri
det är aldrig du eller hon
det är alltid vi
respekt för varje människa
en självklarhet
den förändrar allt
blir vi dömda
väljer vi att inte döma tillbaka
vi behöver inte det
noterar bara de olika synsätten
varje synsätt påverkar känslan
synsätt kan föda besvikelse
irritation och skuldbeläggande
synsätt kan föda kärleksfullhet
frid och tillit
det är varje människas val
så vad väljer vi
valet kommer från vårt innersta
vad gömmer sig där
vi måste vara sanna
mot oss själva
mot våra barn
mot framtidens alla barn
vi är alla vägvisare
vi gör ständigt nya vägval
det är vi som skapar framtiden

en tidig vår

när hon accepterar det oförklarliga
infinner sig äntligen lugnet
hon behöver bara acceptera
att hon inte behöver acceptera
hon behöver bara förstå
att hon inte behöver förstå
hon behöver bara ta ansvar
för att hon inte behöver ta ansvar för någon annan
hon behöver bara släppa taget
det skaviga mjuknar
rinner ur henne
i tomrummet andas hon in ny luft
som ersätter den gamla och instängda
syret får nya frön att gro
frön som hon för länge sedan sått
men som inte velat ta sig
nu visar de sin växtkraft
hon förundras
hon behöver bara acceptera

våren kommer tidigt i år
hennes forna längtan är nu hennes verklighet

MEDVETANDETS RUM

en ny frekvens

det finns en särskild frekvens
som berör hennes innersta
den går igenom tid och rum
genom verklighet och fantasi
den får henne lugn och trygg
inspirerad och hoppfull
lycklig
samtidigt tappar hon helt fattningen
hon förstår inte hur det går till
den vill få henne att vidga världen
göra den mer
den provocerar henne
gör henne osäker
den vill ta ut henne på ny mark
frekvensen har länge legat runt hjärtat
lockat henne
nu har den ökat i styrka
hon vet inte varför
men hon lyssnar

ett nytt sätt att leva

hon sätter sig rakryggad upp
ljuset fladdrar till av hennes rörelse
i den tidiga timman
en känsla av att hon ska en lång väg
på kort tid
utan karta eller kompass
hon sveps med av vinden och vattnet
i riktning mot solen
då och då landar hon på jorden
lägger sig ner på marken
för att inte bli för yr
inväntar nästa kastvind eller flodvåg
låter sig åter svepas med
tar ett djupt andetag
ser att världen framåt är på väg att falla ihop
som ett korthus
det var inte så det var menat
att leva
vi behöver lära oss på nytt

vad livet handlar om
påbörja en resa
som ligger långt utanför vår livligaste fantasi
efter varje ny etapp
kommer vi hamna i en ny verklighet
med nya förmågor
en fördjupad förståelse
i det nya
lär vi oss allt snabbare känna oss bekväma
lika fort blir uttråkad
kastas i väg vidare igen
den nya världens förmak
är tomhetens mellanrum
i tomheten är det dags
att åter släppa
att veta och förstå
släppa
att tro sig behöva
släppa
tidigare roller
släppa
längtan efter bekräftelse
vi behöver släppa allt
som styrt oss
det som fått oss att tappa riktningen
mot det villkorslösa och oändliga
verkligheten har en tendens att göra det
mellanrummen kommer
när de måste
abrupt från ingenstans
känslor får fritt spelrum

i ovissheten
när vi mister
det vi tror vi behöver
känns det som vi tappar
vårt värde
det upprepas
om och om igen
så hon övar
att omfamna tilliten
i sina mellanrum
omfamna acceptansen
i tomheten
hon för inre resonemang
gör nya val
bryer gamla mönster
ger plats för vila
ger sig själv omtanke
det finns många metoder
i hennes verktygslåda
hon prövar sig fram
utrymme
tid
värme
rörelse
flöde
andning
ljus
ljud
be om hjälp
hon gör sig medveten
om varje litet val

påminner sig om
att hon aldrig är ensam
nyckeln är gemenskap
tillsammans
det finns ingen genväg
att få tillgång till nästa verklighet
vad den innehåller
kommer hon inte veta
innan hon är där
hon behöver bara göra sig redo
hon är som alla andra
inte mer
inte mindre

en egen process

vi har alla vår egen process
hennes är att vara öppen
kärleksfullt sann
hon inser att hon inte vill leva
på något annat sätt
hon har lovat
att ta sig själv på allvar
lyssna
vara modig
hon behöver inte veta
vart saker leder
hon måste ta stegen mot
det som ger livspirr
längtan
nyfikenhet
det som höjer energin
hon måste omfamna
det och dem
som får henne

att tycka om sig själv
det hjälper henne
att expandera i kärlek
respektera hennes gränser
lyssna på hennes ja
se hennes själs längtan
energierna åt båda håll
är oerhört kraftfulla just nu
vad hon dras från
och vad hon dras till

en början

plötsligt har hon tagit sig hela vägen
till det hon trodde var målet
utan att förstå hur det gick till
tur
efteråt känns det självklart
slutdestinationen hade känts ouppnåelig
för en stund sedan
galen
tidskrävande
smärtsam
plötsligt var hon här
hon inser att det inte var målet
det är bara en början
mot nästa början

ett inre ansvar

känslan av sorg
letar sig in i henne en stund
första tanken
får man aldrig vara riktigt lycklig
byts snabbt ut till
livets ytterligheter finns alltid
sida vid sida
ett ständigt val
för var och en att göra
den valda tanken påverkar känslor
vägval framåt
vad ska få störst plats
vilken känsla får vara överordnad
hon tror hon vill ta ansvar
för att alla skall vara nöjda och må bra
hon släpper den tanken
den lämnar ett stort hålrum
hon vill så gärna ta det ansvaret
men hon måste inse

att hon inte har den förmågan
sorgen sköljer sorgen över henne
hon måste släppa taget
för att inte dras ner i andras känslotillstånd
det gör ont att släppa taget
i hålet som skapas växer sorgen
den får gott om plats
sorgen ekar högt
hon får svårt att hålla fokus
hon måste vara sin längtan och önskan
allt börjar med henne
så hon kapitulerar
låter sorgen rinna ur
fyller sig istället med tacksamhet
omtanke och trygghet
hon släpper det
hon inte kan påverka
sida vid sida
finns ytterligheterna
hennes ansvar är hennes eget inre
det tog en stund
att sortera och landa
nu är hon tillbaka
där hon vill vara

en möjlighet

när man struntar i
en massa saker
man inte har lust med
får man plötsligt
en massa tid över
att fylla
med saker man älskar

en eller fler dimensioner

hon lär sig se vardagen
i så många dimensioner som möjligt
varför nöja sig
med en eller ett par
vad tillför nyanserna livet
hon har börjat få svårt
att polarisera och döma
svårt
att sätta etiketter som rätt och fel
allt
beror på numera
hennes nyfikenhet växer
ödmjukheten också
när frågor och svar förenklas
tappas syfte och mål lätt bort
de flesta vill
att alla människor ska leva
ett gott liv
känna glädje

meningsfullhet
handlingskraft
ta ansvar för sig själva
och varandra
vart är vi på väg
vem har valt vägen
vi nu halkar oss fram på
hur tror vi
att den leder oss dit vi vill
katastrofskyltar blinkar
längs vägen
vi tappar navigationen
tvingas nödbromsa
glider ner i diket
om och om igen
vi är fartblinda
behöver vård
hon väljer skogsstigen vid sidan av
vill känna jorden under fötterna
vill blicka mot trädkronorna
vill hoppa över bäcken.
sitta en stund på stubben
det är en annan dimension av verkligheten
i naturen är allt som det är
enormt komplext
samtidigt enkelt
liv i symbios och mångfald
hon är villkorslöst välkommen
här
precis som hon är
dörren står vidöppen

här
är hon inte på väg
här
är hon alltid framme

en dröm bortanför tvekan

hon tar sina drömmar på allvar
de som kommer till henne på natten
de som hälsar på henne under dagen
de visar en längtan
en önskan djupt inifrån
de talar om vad
inte hur
hon är öppen för hur
genom att öppna hjärtat
för allt
allt som finns här
här finns hennes dröm
bortanför tvekan

en bräda i taget

en bräda i taget
på väg
över vatten
under himlen
genom vinden
sakta
blicken mot horisonten
för riktningens skull
för att släppa framtiden en stund
och vända blicken mot det som är
låta varje nu bli levande
nyfiket

ett ständigt legobygge

hon är som ett ständigt pågående legobygge
ler åt känslan
ständiga processer pågår inom henne
det finns inget slut
ingen ände
inget mål
om och om igen
byggs nya skapelser upp
olika delar
bildar nya helheter
för att sedan åter plockas isär
till något nytt
det är ett prövande
ett utforskande och upptäckande
hon har ingen aning om
vad som är möjligt att skapa
nästa gång
det är som att efter varje nytt bygge

tillkommer nya bitar
som belöning
bitar som öppnar
nya möjligheter
legobygget sker inom henne
livet sker alltid inuti
det går inte att spara gamla byggen
hon måste montera ner
för att skapa rymd
använda de gamla bitarna
till något nytt
när det gamla monteras ner infinner sig sorgen
rädslan och tomheten
i rymden känner hon sig yr och matt
det ekar och svajar
hon andas djupare
går långsammare
iakttar det runt omkring henne
när nedmonteringen är gjord
sorterar hon upp delarna
identifierar de nytillkomna
känslan av nyfiket pirr
oändlighetens ovisshet
bit för bit
får bilda nya helheter
en del människor
bygger efter gamla ritningar
försöker återskapa det gamla
om och om igen
de får aldrig nya bitar
till sina legobyggen

den önskade tryggheten
byts ut till tristess och bitterhet
hon ser det tydligt
hennes senaste bygge är nedmonterat
hon befinner sig i tomrummet
tillsammans med ovissheten och självtvivlet
hon har börjat sortera bitarna
hennes förmågor och insikter
hon börjar samla in de nya som tillkommit
känner ödmjukhet och tacksamhet
ingen aning om hur de ska användas
känslan av att en ny vår är på väg
en ny uppbyggnad
hennes inre är ett ständigt legobygge
tillit till att allt är som det ska
hon häller upp ett glas vatten
låter blicken söka sig utåt
genom fönstret
naturen är i ny fas
för uppbyggnad
hon är i fas
med naturen
hon är en del av den

mod att drömma stort

vilka tankar upprepar hon
för sig själv
vilka minnen bär hon med sig
i sin ryggsäck
vad ägnar hon sin tid åt
hennes tankar och handlingar
utgör hennes riktning
oavsett vad hennes längtan är
oavsett hur öppen hon är
handen på hjärtat
hur redo är hon
att förändra livet
till någonting bättre
hon blir sina handlingar
hon blir sina tankar
är hon inbjudande
eller motbjudande
en stund med sin egen spegelbild
varje dag

enkla frågor
gör all skillnad
är hon den hon vill vara
trivs hon med sig själv
all förändring börjar med henne
vad sänder hon ut
till omgivningen
det är ingen tävling
om hon inte gör det till en
alla kan vara vinnare
genom modet att drömma stort
genom att sätta ord på sin längtan
genom att dela drömmen med världen
genom att kroka arm med likasinnade
genom att skilja agnarna från vetet
utan att värdera
genom att låta drömmen bli till verklighet
genom att låta den nya verkligheten
föda nya ännu större drömmar

en väg vidare

hon tar ett varv till i sin tanke
om det här med sanningar
hur vi uppfattar verkligheten
hon ser att det finns
olika uppfattningar
om mycket
inte minst
hur vi uppfattar sanningar
och lögner
finns det en sanning
är allt annat lögn
hon vill inte använda ordet lögnare
det finns olika sätt
att se på verkligheten
hon vill visa respekt
för andras uppfattningar
även om de skiljer sig enormt från hennes
hon önskar samma respekt tillbaka
att bekräfta någons sanning

som den enda existerande
och ge avkall på sin egen
gynnar ingen
hon kommer aldrig låtsas mer
för att behaga någon annan
ingen äger någon annans sanning
ingen har patent
på att uppfatta verkligheten
hon kommer inte strida
andra får tro vad de vill
om henne
placera henne i fack
den möjligheten har varje människa
att tro och uppfatta allt och alla
precis som man vill
hon ger sig inte in i det kriget
för det tar aldrig slut
hon har vikt av från den vägen
den enda sanningen som går att enas om
är att det inte går att enas om
en sanning
det kommer alltid att finnas olika uppfattningar
varje människa har en fri vilja
varje människa är en egen person
med sin fria vilja
sin person
kan man välja uppfattningar
hon vet vad hon väljer
de uppfattningar som ger ro i sinnet
de som fyller kroppen med värme
de som ger framtidstro

de som för henne framåt
hon går vidare
i sin takt

KÄRLEKENS RUM

ett tidigt gläntande

hon gläntade på dörren
till den oändliga kärleken
som omkullkastar alla föreställningar
redan i sin ungdom
vågade inte gå in
vågade inte ta emot
vågade inte förändras
inte kasta sig ut
trodde den inte var för henne
hon har alltid velat ta sig an livet
på sitt sätt
i små etapper
kontrollerat och tryggt
i en rustning
med handlingskraft och kunskap
med förståelse och vältränade förmågor
hon ser dörren igen
den står på glänt nu
hon är fortfarande rädd
men äldre
och medveten

då förstod hon inte sin rädsla
skyllde på allt utanför henne
nu är hon medveten om sin rädsla
hon kommer öppna dörren
kasta sig ut
flera sekler senare
det är aldrig för sent
alla får alltid en ny chans.
balans är att våga breda ut sina vingar
vindsurfa på livets strömmande källa
hon andas djupt
står redo
tillit till att livet håller henne
hon trodde länge
att hon fanns för att berika andra
trodde att det var tillräckligt
hennes lott i livet
insåg att det inte var sant
hon är här för att låta sig berikas
expandera och utvecklas
för sin egen skull
rannsakas och utmanas
för sin egen skull
för sin egen skull
då kan hon också hjälpa andra
det blir effekten
av att ta sig själv på största allvar
inse att det svåraste
är att förstå sitt eget värde
allt hon gör
är för sin egen skull

det betyder att ingen
står i skuld till henne
allt hon gör är av egen fri vilja
allt hon säger kommer från hjärtat
allt är gratis
utan förväntan tillbaka
därför kommer hon inte
behöva hålla tillbaka
skönt och läskigt
hon tränar
på hal is

ett släppande

malandet har nästan upphört
hon hör bara ett svagt
allt är bra
allt är som det ska
hon bestämde sig tidigt
vad som än händer
hon får må bra
andra får må bra
ingens mående är överordnat
någon annans
ingens mående får ske på bekostnad
av någon annans
det är både en enkel
och komplex tanke
hon bestämde sig också
för att släppa taget
ta ansvar för
det enda hon har makt över
sig själv

sin relation med andra människor
allt annat ligger bortanför henne
hon kan önska alla det bästa
hon kan låta bli att döma
hon kan släppa taget
visa respekt och tillit
finnas till hands
om behov uppstår
släppa taget
skapa rymd för framtiden
släppa taget
göra det omöjligt
för det oönskade att fortsätta
släppa taget
klippa av trådarna
som livnär destruktiviteten
omskapa
nyskapa
stilla
eftertänksamt
kärleksfullt
inget varar för evigt
men evigheten är alltid målet
evigheten bär lättheten
kärleken
och ljuset inom sig
det vi vill fylla vårt inre med
evigheten
är det enda hållbara

en kärleksuppkoppling

hon vaknar tidigt
sovit oroligt
hon har bearbetat all ångest
som finns runt henne
det känns som hon jobbat
hela natten
likt en katalysator
ett nödvändigt jobb
några djupa andetag
hon tänker på honom
han som korsat hennes livsväg
hon låter energin flöda
genom hela kroppen
långa djupa andetag
från topp till tå
det öppnar upp omedelbart
hon känner lättheten uppåt
rymden i hjärtat
pirret neråt

stelheten ersätts omedelbart
med expansion
hon tappar nästan andan
effekten är påtaglig
hur är det möjligt
en känsla av oro passerar hennes tanke
en oro om att inte få vara ifred
hon tänker på barnen
så fina de är
så bra det känns
tryggt när de är hos henne
tänker på honom igen
det hon får och känner
genom hans energi är magiskt
energin får henne att älska
sig själv
energin får henne att känna
livspirr och expansion
energin får henne att tro
på livet och våga längta
energin får henne att vilja
vara sig själv fullt ut
nyfiket utforskande
energin får henne att stå
stadigt på jorden
samtidigt dras uppåt
energin får henne att bli
en bättre version av sig själv
får henne att förstå
den villkorslösa kärlekens enorma kraft
han hjälper henne med allt detta

genom sin blotta existens
hon behöver inget mer
allt sker bortanför tid och rum
energin finns
hon finns
det räcker
hon låter sig uppfyllas
av en energi som finns i överflöd
hon kan dela med sig
till alla hon möter
det hon upplever
vill hon inte hålla inne med
det går inte
kraften är för stor
hon vill sprida
den villkorslösa kärleken

ett uppvaknande

hon vaknar till doften av kaffe
vid sidan av sängen
och en viskning
vill du gå ner till stranden
och se soluppgången
tillsammans med mig
det känns som en dröm
som hon inte vill vakna upp ur

ett mörker urskiljer ljuset

det är mörkret som urskiljer ljuset
hon ser det så tydligt nu
när mörkret tog över
såg hon tydligt ljusstrimman
den kallade på henne
det var dags att gå nu
gå mot ljuset
mot värmen
det strålande
hon ville inte frysa mer
hon ville omfamnas av ljuset
mörkret var kontrasten hon behövde
det är lätt att bli blind i mörkret
tappa bort sig
irra runt i sitt mörker
bli yr och vilsen
utan riktning
om man inte tror
på ljuset

det krävs bara en liten strimma
för att ta en ny riktning
det krävs tillit
att lita på det ordlösa
ta sikte mot det ljusa
genom mörkret
i tillit
livet är många gånger
som en mörk januarinatt
med månljus
en av de allra första
det kolsvarta mörkret
så plötsligt spricker himlen upp
en månskära visar sig
ett svagt ljus
som ögonen tacksamt kan följa
ett steg framför det andra
natt efter natt ökar ljuset
tills månen är full i sin lyskraft
stjärnor på himlen
snöflingor
som lägger sig som ett täcke på marken
hjälper till att lysa upp månens ljus underifrån
hon står där mitt i natten
känner sig upplyst
omfamnad och hållen
mörkret finns där
hon ler
hon känner ljuset inom sig

ett görandes intention

det du gör
är inte det viktiga
det är varför
du gör det du gör
intentionen
i görandet berör henne
görande utifrån ångest och skuld
värdesätter hon inte
det är hon hopplöst otacksam inför
hon är känslig
som ett barn
ett barn känner av
en förälders intention
fylls barnet med värme
eller känslan att vara till besvär
känsla av skuld skapar avstånd
det är lätt att slå knut på sig själv
för att få ihop vardagen
det tar aldrig slut

så lätt att tappa bort varandra
i en massa görande
så lätt det är att glömma bort
att kärleksfullt närvara
så lätt att glömma
att sin egen betydelse är viktigare
än en urplockad diskmaskin
så lätt att förringa
en stunds ögonkontakt
att en kram betyder mer
än att skorna står på hyllan
det du gör är inte det viktiga
det är varför du gör det du gör
intentionen
i dina handlingar som berör henne
där vill hon möta dig
försäkra sig om att du förstår
att du är viktig precis som du är
hon känner hur du mår
bortanför allt du gör
gåvor och tjänster måste komma
från en kärleksfull plats
annars har det föga värde
för henne

ett val

hon sjunker ner
i det varma vattnet
skapar ett mellanrum i vardagen
möjligheter dök upp
hon fångar möjligheter
gör dem till sina
vattnet ger henne lugn
skapar rymd för nya tankar
i rymden finns allt
det hon hållit tillbaka
får man känna villkorslös kärlek till allt
är det okej
hon har upptäckt en ny känsla
att kunna koppla upp sig
på någons energi
uppleva hur hon expanderar
så hon nästan exploderar
får man göra det

måste man be om lov
kan man göra det i smyg
märks det
kan man ställa sådana frågor
vem kan svara
hon tror att man kan
hon tror att man får
energin hon kopplat upp sig på
gör allt så lätt
hon får tillgång till det enkla
det lekfulla livet
hon känner leendet på läpparna
känner glittret i ögonen
livet busar med henne
det som varit utanför hennes medvetande
har letat sig in i henne
tagit plats
så mycket plats att hon nästan förvandlas
som en barbapappa
hon bestämmer sig för
att man får koppla upp sig
för ingenting går att äga
det hör detta medvetande till
allt är delbart
alla är ett och samma
menade att hjälpa varandra
få varandra att växa
hon har kopplat upp sig
på en frekvens
som är så mycket större än hon anat
hon svävar

blir yr
tappar andan
hon vill inte vara någon annanstans
upplever att allt finns inom henne
hon står på uppladdning
så länge hon behöver
evigt tacksam
för möjligheten
som kom till henne nu
hennes steg flödar fram
andetaget böljar
uppmärksamheten är knivskarp
urskiljningsförmågan brutal
hennes intention är oändlig kärlek
kan man välja bort det villkorade
bara tanken om att villkora kärlek och omtanke
gör henne plötsligt spyfärdig
hon har inget val längre

en oemotståndlig kärleksenergi

när hon tänker på sin vän
fylls hon med en stor
omtumlande kärleksfull känsla
hon kan knappt härbärgera den
den läcker ut igenom henne
hennes inre kritiker undrar
om det är en flykt
en fantasi
kanske rent av en mani
det kan inte vara på riktigt
den andra rösten försäkrar henne om
att det är den stora villkorslösa kärlekskraften
den som kan flytta berg
skapa fred
ordning i kaos
den som inget begär
blir aldrig kvävande
eller för mycket
den omvandlar

lyfter upp
krokar arm
den är kraftfullt påtaglig
kanske ovan
den väcker känslor och tankar
på ett bra och nödvändigt sätt
det är den kraft
som världen nu behöver
den vi behöver dela till varandra
sträcka ut händerna
kroka arm
bilda pärlband över jorden
hon samlar pärlor
hon ser många lysa
som stjärnor på natthimlen
hennes övertygelse är stark
hennes själ vet
den talar till henne
den är övertydlig
detta är större
än hon vågar förstå
så hon släpper förståelsen
tillit till vägen hon nu vandrar
den som älskar mest vinner
heter boken hon läser
den visar vägen hon slagit in på
hennes hjärta slår hårt
hon inser att det är dags för nästa steg
vare sig hon vågar eller inte

en kärlek på riktigt

hon låter sig omfamnas av honom
hans blick är varm och kärleksfull
be inte om ursäkt för den du är
våra behov och känslor är inte sammanvävda
de får stå för sig själva
de är inte beroende av varandra
de hänger inte ihop
vi tror gärna det
men det är inte sant
han letar efter ord
för att förklara det hon behöver höra
det de båda behöver höra
han ser henne djupt i ögonen
jag är rädd att mista dig
men det är inte ditt ansvar
att göra mig trygg
det är inte du som skapar otryggheten
den finns inom mig
det är inte heller mitt ansvar

att du ska känna dig fri
det är inte jag som gör dig ofri
den känslan finns inom dig
jag älskar hela dig
hela den kreativa och självständiga människa du är
det är du
jag vill inte få dig att kompromissa bort det
för mina behov
det skulle ge mig skuld och dåligt samvete
det som är du skulle försvinna
jag skulle få mindre av dig att älska
på samma sätt som det inte är ditt jobb
att få mig ständigt trygg
det skulle vara en falsk trygghet
som ständigt skulle behöva fyllas på
hon lyssnar uppmärksamt på honom
så lätt det är att tappa bort sig
i sin önskan att göra gott och hjälpa till
så lätt att gå fel
förminska både sig själv och andra
att agera direkt
på det skaviga som dyker upp
i stället för att ta emot känslan
rannsaka den
tacksamt ta emot den
inte bli rädd
det är bara en känsla
inte en sanning
jag behöver byta ut rädslan att mista dig
till tacksamhet att du nu finns
i mitt liv

oavsett vad som händer
har du funnits
du har väckt något inom mig
något jag alltid kommer behandla
som den vackraste gåva
han tar hennes händer
trycker dem varsamt
du måste få uttrycka dig
på de sätt som är du
få sväva högt över träden
då och då
där du hämtar din energi
får perspektiv
du är inte en svan
som är nöjd med en damm
du är många fåglar
i en och samma
en del av dig
är en trogen svan
du skapar fullständig närvaro
total uppmärksamhet för den du möter
men du måste upp och flyga
för att överblicka livet
jag älskar den förmågan
du måste få vara hela dig
alla delar
inget är lätt
varken att anpassa sig
eller att vara hela sitt jag
men ska mänskligheten överleva
och blomstra

finns det bara en väg
jag om någon vet
hur målmedveten man blir
när man har något man kan bli riktigt bra på
och längtar efter
jag ser det i dig också
du vill förändra världen genom dig
han låter sedan tystnaden tala en stund
lugnet omfamna
hon tar in det han just har sagt
väggarna runt om dem faller
som ett korthus
hela världen blir synlig
runt omkring dem
allt händer nu
det är på riktigt
hon tar in det stora
låter det omvandla
hela sitt väsen känner sig välsignad och buren

en lätt hand över kinden

du är tillräcklig
låt den knutna handen slappna av
stryk den istället lätt över kinden
sträck ut båda armarna
släpp in kärleken som vill dig väl

hon är tillräcklig
hon låter den knutna handen slappna av
stryker den istället lätt över kinden
hon väljer att sträcka ut båda armarna
hon släpper in kärleken som vill henne väl

han är tillräcklig
han låter den knutna handen slappna av
stryker den istället lätt över kinden
han väljer att sträcka ut båda armarna
han släpper in kärleken som vill honom väl

jag är tillräcklig
jag låter den knutna handen slappna av
stryker den istället lätt över kinden
jag väljer att sträcka ut båda armarna
jag släpper in kärleken som vill mig väl
så förändras världen

en villkorslös kärleksrelation

fönstret får stå på glänt
släpp in den syrerika luften
allt är stilla
andetagen allt långsammare
hon minns slutet
som öppnade upp för början
hur de valde varandra
hon och han
hon
hon ville känna sig älskad och fri
hon stillade sig
gick inåt
lyssnade
skalade av
lärde känna sig själv
känslan fanns inom henne
hon måste göra sig själv lycklig
bli sin egen bästa vän
lyhörd och generös

när hon lärde sig det
öppnades nya möjligheter
han
han ville känna sig älskad och fri
han stillade sig
gick inåt
lyssnade
skalade av
kasade sig modigt ut
allt fanns inom honom
den nya dagen gryr
hon vakar tidigt
hon kryper nära
ligger stilla
håller om honom länge
sakta vaknar de båda
hon möter hans ögon
med en klarare blick än någonsin
varsamt och inkännande ger han
henne en ny upplevelse av njutning
så vackert att tårarna rinner
längs hennes kinder
hon känner sig fullkomligt trygg
i hans närhet
han gör allt genom den villkorslösa kärleken
han känner för henne
gränserna mellan dem suddas ut
deras kroppar förenas
i fullständig samklang
växlar de rytm
närheten och värmen får henne öm av lycka

en lättnad infinner sig
när motståndet försvinner
hon känner sig överrumplad
var har du varit
viskar hon till honom med mjuk röst
hon har längtat så efter honom
längtat så efter deras vi
när deras dåtid rämnade
drogs de in i varandra som magneter
det fanns inte längre något
som höll dem ifrån varandra
i sårbarheten finns kraften
som omfamnade den andres själ
när allt faller
kan kärleken flöda fritt
när kärleken flödar fritt
är de hemma igen
hon lär känna sig själv på nytt
varje dag
om och om igen
lämnar den hon varit
omfamnar en ny version av sig själv
han gör detsamma
lär känna sig själv på nytt
lämnar den han varit
omfamnar en ny version av sig själv
de har tagit av sig ryggsäckarna
de möts i sin nakenhet
sårbara och ödmjuka
modiga och i tillit
hösten nalkas

det som odlats kan skördas
ingenting tas för givet
allt är ett oskrivet blad
det är så det måste få vara
kärlekens innersta väsen
hon måste göra sig själv lycklig
bli sin egen bästa vän
lyhörd och generös
när hon lärde sig det
kunde hon älska mer
han måste göra sig själv lycklig
bli sin egen bästa vän
lyhörd och generös.
när han lärde sig det
kunde han älska mer
det pirrar välbekant inom henne numera
hon drar in ett extra långt andetag
för att ge ordentligt med plats
luften är både lätt och seg på samma gång
hon registrerar varje företeelse inom sig
med en känslighet som överraskar henne
vibrationerna sprider sig inifrån och ut
de är frigörande och livskraftiga
hon behöver bara andas
låta det hända
blundar en kort stund
känner i nacken
på baksidan av huvudet
upp mot tinningarna
hon känner under fotsulan
lägst ut på fingertopparna

det är som inre smekningar under huden
i blodomloppet
hon låter det hända
i den tidiga morgonen
är det som natten skalat av alla lager
hon får börja från början igen
nu är allt som betyder något

ett kärleksfyverkeri

en kort paus
hennes blick är fäst på något
en bit framför
oklart vad
några djupa andetag
livets ytterligheter blandas
om och om igen
hon befinner sig i allt samtidigt
sorg och glädje
lätthet och motstånd
enkelhet och komplexitet
mycket av allt
i en enda röra
hon tar en stund
för att stoppa snurren
sortera upp röran
mellanrummet hon skapar är viktigt
hon vill möta allt
med närvaro och mod

därför släpper hon ut det som varit
andas in det som är
sorterar och prioriterar
fokus på framtiden
det plingar till bredvid henne
hon rycker till
den omedelbara oron
är ett gammalt minne som triggas
oron försvinner snabbt
hon har jobbat med sig själv
sin oro
hon är väl medveten
att reaktionen inte längre fyller någon funktion
det hör till hennes historia nu
hotet finns inte längre
istället sprider sig ett leende i hennes ansikte
hon slappnar av
orden till henne är ett kärleksfyverkeri
skrivna med omtanke och uppskattning
hjärtat tar ett skutt
det finns någon som känner henne
bättre än hon själv gör
hon behövde inte förklara
längre
bara ta emot
det hon får uppleva nu
unnar hon alla
att bli berikade
upplyft med fullkomlig tillit och acceptans
tryggt och kärleksfullt
med öppna dörrar

till livets oanade potential
plingandet är numera en påminnelse
jag finns här för dig
jag älskar dig villkorslöst
för att du är du

ett kärleksfullt hem

hon sätter sig med ett ryck upp i sängen
klarvaken
hjärtat borde slå dubbla slag
efter ett sådant uppvaknande
men hon är alldeles lugn
äntligen
som hon har längtat
att räcka till
på alla sätt
för allt
för alla
hon räcker till
känslan hon levt med länge
har helt upphört
andra får tycka och tänka
som de vill
önska mer och mindre
men hon räcker till

resten lämnar hon därhän
hon går vidare
mot nästa nivå
nästa tid i livet
det är som hennes nuvarande liv
innehåller många livstider
i ett och samma
erfarenheter och lärdomar får sjunka in
öppna upp för nya möjligheter
en del saker är konstanta
andra blir helt förändrade
det är en ny tid nu
allt kommer fördjupas
bli kraftfullare
varmare
kärleksfullare
hon kommer inte hållas tillbaka
eller begränsas
det är på riktigt nu
hon räcker till
för allt och alla
precis som hon är
otillräcklighetens tid är äntligen förbi
allt är som det ska
hon andas in den tidiga morgonen
ljuset fladdrar på fönsterbänken
hon hör vinden utanför
sommaren har tagit paus
precis som hon
kaffets doft når henne
sängen är mjuk

hennes mellanrum må vara stillsamt
samtidigt intensivt
hon har vänt ut och in på sig själv
i dagsljuset
synat både det yttre
och det inre bagaget
det är funktionen och energin
som avgör framtiden
är det dags för avsked
eller att kroka arm framåt
ger det henne skjuts vidare
eller bromsar det farten
hon värderar inte
värde skapar lätt skuld och skam
hon konstaterar
accepterar i tacksamhet och kärlek
allt är vad de är
tiden har sin gång
hon vill fortsätta
inte bromsa
inte skynda på
gå i takt
med livet
andas genom dess lungor
ett andetag i taget
som om varje andetag
vore den dyrbaraste gåvan
det vackraste leendet
den skönaste smekningen
som får varje cell att kittla hennes boning
i mellanrummet

har hon tid att känna allt detta
i lätthetens rum
nu vänder hon hem
hem till det kärleksfulla
härifrån kan hon vara nyfiken
på livet igen
livets oanade potenial
det dags att fortsätta utforska
lekfullt prova
respektfullt balansera
det finns inget facit
allt är som det ska
ett steg i taget
först ska hon dricka kaffe